AF292674

Sentiments et Sensations

CÉLINE PRUDHOMME

Dégoût

Ce sont les sombres ombres qui s'insinuent.
Dans les recoins de l'âme, morne et ténue
Il se glisse, serpent sournois et discret.
Envenime le cœur, empoisonne les secrets.

Il est la nausée devant le monde avili.
Les horreurs banalisées, les vies désunies
Il tisse sa toile de rancœur et de haine.
Un réseau viscéral, une douleur sereine

C'est l'amer goût de l'injustice
Quand la vérité se plie au caprice
C'est voir la beauté trahie, le bon bafoué
Les idéaux piétinés, les espoirs effacés

Il grandit, se nourrit des mensonges répétés
Des actes vils, des paroles dénuées de vérité
Il s'installe dans le silence coupable
Des regards détournés, des sourires fades.

Le dégoût est le cri muet de l'âme lasse
Devant l'indifférence, la bêtise qui passe
C'est la révolte interne, sans bruit ni éclat,
Contre la médiocrité qui partout débat

Il est ce frisson glacé, ce haut-le-cœur
Quand l'humanité trahit ses propres valeurs
C'est l'amertume face à l'injustice crasse
Un rejet profond, une désillusion tenace

Le dégoût se niche dans les gestes calculés
Les amitiés intéressées, les amours falsifiés
Il est la réponse à la fausse bienveillance
À l'hypocrisie déguisée en tolérance

Il s'épanouit dans les promesses non tenues
Les idéaux reniés, les rêves perdus
Il est le reflet de nos désillusions
L'écho de nos contradictions

Le dégoût, c'est le regard qui se détourne
Devant la bassesse humaine qui se retourne
C'est l'envie de fuir, de s'isoler,
De se protéger de la laideur voilée

Il est ce poids qui alourdit le cœur
Cette douleur sourde, cette rage intérieure
C'est un refus viscéral, une répulsion
Contre tout ce qui corrompt, cette réputation

Il est le sombre compagnon éveillées
Qui voit la vérité nue, sans fard ni beauté
Il est le signe d'un esprit encore vivant
Qui rejette le faux, le laid, l'avilissant.

L'effroi

Sous l'éclat argenté d'une lune sereine
Elle s'éveille, dans la nuit souveraine.
Majesté nocturne, silencieuse gardienne
Elle hante les cieux de sa présence ancienne.

Ses ailes diaphanes, comme un voile léger
Et dansent dans l'ombre pour perdurer.
Frôle les cimes des arbres endormis.
Portant les mystères d'un monde inouï.

Son regard perçant, miroir des étoiles
Révélant les secrets, les espoirs, les voiles.
Scrute les ténèbres, sans jamais faillir
De ceux qui, en silence, osent encore se repentir.

Elle plane, spectre blanc, dans le firmament
Rappelant aux âmes, dans un doux tourment.
Son cri résonnant, tel un écho lointain
La beauté fragile du temps incertain.

Gardienne des rêves, messagère de l'ombre
Des cœurs égarés, qui, dans la pénombre
Cherche la lumière, une lueur utile.
Elle veille en silence, protectrice subtile.

Elle est esquisse silhouette sacrée de la nuit.
Ses plumes d'ivoire, telles des écailles de pluie
S'envole à la recherche des songes
Brillent sous la lune, en doux mensonges.

Dans le silence feutré, où le monde s'efface
Elle crée un ballet, dans l'espace et la glace.
Elle dessine des arcs, des cercles mystérieux.
Symphonie aérienne, de mouvements gracieux.

Les étoiles se penchent, sous son vol enchanteur.
Elle est la majesté des cieux, dans sa splendeur.
L'embrassant de lumière, une étreinte douce
Nous rappels la beauté, et la paix qui nous pousse.

Elle revient chaque nuit, fidèle et éternelle.
Portant dans ses ailes, les rêves immortels,
De ceux qui écoutent, dans la nuit solennelle,
Le murmure des cieux, et ses chants intemporels.

Étant majestueuse, elle laisse une trace.
Promesse d'une nuit, à jamais tenace
Elle s'évanouit, dans l'aube naissante.
Un écho de sagesse, une paix apaisante.

Confusion

Dans un brouillard d'idées, je me perds.
Les pensées s'entremêlent, un étrange désert.
Les mots se bousculent, sans ordre ni loi.
Un chaos silencieux, qui guide mes choix.

Le cœur en désordre, l'esprit embrouillé,
La raison vacille, les rêves emmêlés.
Une brume épaisse cache l'horizon.
Je cherche ma route, sans direction.

Les émotions se heurtent, sans répit.
Je flotte entre les doutes, sans abri.
Les questions tourmentent, sans réponse.
Un labyrinthe d'ombres, où l'espoir renonce.

Chaque pas un mystère, chaque choix, une énigme,
La vie devient énigmatique, un jeu d'illusions intimes.
Je cherche la clarté, dans ce voile d'incertitude.
Mais la confusion persiste, dans son amplitude.

Les souvenirs s'effacent, les rêves se brouillent.
Dans ce tourbillon d'âmes, tout s'embrouille.
Les voix se confondent, les visages s'effacent.
Je suis un étranger dans cette vie qui passe.

Les jours se succèdent, les nuits sans fin.
Je cherche une lueur, un chemin serein.
Les ombres m'encerclent, la lumière fuit,
Dans cette danse obscure, je suis pris.

Les regards se croisent, sans comprendre.
Les mots se disent, sans se rendre.
Le silence parle, plus fort que les cris.
La solitude m'entoure, malgré les vies.

Les étoiles se voilent, le ciel se ferme.
Je suis perdu dans cet univers, sans terme.
Les rêves s'échappent, les réalités se brisent.
Je suis prisonnier de cette étrange chemise.

Mais au cœur de ce chaos, une lueur persiste.
Une flamme fragile, dans le doute qui existe.
Elle guide mes pas, malgré l'incertitude.
Un espoir ténu, dans cette vaste solitude.

Et peut-être un jour, la brume se lèvera.
Les pensées s'éclaircissent, la paix reviendra.
Mais en attendant, je navigue dans cette mer.
De confusion infinie, un éternel mystère.

L'émerveillement

Il est naît d'un regard émerveillé.
Dans les yeux d'un enfant, le monde est révélé.
Chaque feuille qui tombe, chaque souffle de vent
Éveille des émotions, des frissons captivants.

Devant un coucher de soleil, cieux enflammés
Nos cœurs battent, nos âmes sont charmées.
Les montagnes majestueuses, les océans sans fin
Nous rappellent la grandeur d'un monde divin.

Les étoiles scintillent dans la nuit veloutée.
Chaque lumière est un secret, une histoire contée.
Le silence des forêts, le murmure des rivières
Révèlent des merveilles, des trésors éphémères.

Les aurores boréales, dansant dans le ciel clair
Peignent des rêves fous, dans l'éther solitaire.
La neige qui tombe, silencieuse et pure
Transforme la terre en une toile mature.

Un sourire inattendu, un regard bienveillant
Rends le quotidien soudain éblouissant
Les visages aimés, la chaleur des étreintes
Rappellent que la vie est tissée de pinte.

L'émerveillement, c'est voir le monde à nouveau
Avec des yeux neufs, comme un premier tableau.
C'est écouter le chant des oiseaux au matin.
Et sentir chaque brise comme un doux parchemin.

C'est plonger dans les livres, voyager dans les mots.
Explorer des univers, des destins, des échos.
C'est toucher la douceur d'une fleur épanouie.
Et sentir le parfum d'une rose éblouie.

Les rivières argentées murmurent leur histoire
Traversant les forêts, elles brillent de gloire.
Le vent caresse les feuilles, chantant son refrain.
Dans la brise légère, les arbres se tendent la main.

Chaque instant est magique, un trésor à saisir.
La beauté du monde, toujours à découvrir.
Le merveilleux est, partout, ouvre grand tes yeux.
Il est autour de nous dans chaque coin des cieux.

Quand la pluie, doucement, commence à tomber
Les gouttes scintillantes dansent, enchantées.
Chaque éclat de lumière, chaque reflet l'ondée
Transforme le paysage en rêve éveillé.

Il est le sentiment doux et précieux.
Nous invite à la joie, à lever les yeux.
Il est dans chaque chose, dans chaque instant.
Pour celui qui sait vivre intensément, pleinement.

La jalousie

Elle enflamme les cœurs meurtris.
Un poison amer qui ronge les esprits.
Elle s'immisce, silencieuse et sournoise.
Semant la discorde, elle se veut discourtoise.

Dans les yeux, des envieux brille une lueur malsaine.
Le bonheur des autres leur semble à une vilaine chaîne.
L'amour se fane sous le poids de l'envie.
Chaque sourire ami devient une plaie à vie.

Les mots se teintent de méfiance et de rancune.
Chaque succès d'autrui devient une infortune.
Le cœur se serre, oppressé par la peine.
Et la paix intérieure devient une vaine rengaine.

Les souvenirs heureux se transforment en spectres.
Chacune des joies passées semble à un signe suspect.
Les regards jadis doux deviennent amers.
La confiance se dissout dans des regards de fer.

Elle murmure des mensonges constants.
Elle chuchote à l'oreille des doutes lents.
Elle fait de l'amour un combat incertain.
Transformant chaque sourire en affreux refrain.

L'esprit troublé par des pensées sombres.
Les jours radieux se teintent de pénombre.
Les compliments sonnent comme des reproches déguisés.
Les gestes tendres se muent en chaînes invisibles et serrées.

Elle creuse un profond fossé entre les âmes.
Transformant les proches en âpres flammes
Elle étouffe la joie, ternit les cieux.
Laissant un sillage silencieux.

Mais au-delà de l'ombre, il y a une lumière,
Un espoir discret qui éclaire la misère.
Apprendre à aimer sans compter ni à comparer
Libère le cœur et l'âme des chaînes cafarer

Cultiver la confiance comme un jardin précieux,
Chasser les pensées qui assombrissent les cieux,
Ouvrir son cœur à la joie de l'autre,
Apprendre à se réjouir de l'épanouissement d'un autre.

Mélancolie

Dans les méandres de l'âme, où réside celle-ci,
S'étirent des vallées où règne une froide nostalgie.
Elle étreint le cœur, douce et amère à la fois.
Comme une pluie fine qui caresse le bois.

Elle murmure des secrets perdus dans le temps.
Des échos lointains d'un passé qui s'éteint lentement.
Elle peint des paysages aux couleurs de l'automne.
Où les feuilles mortes tourbillonnent et frissonnent.

Sous son voile ténébreux, les souvenirs s'éveillent.
Des images floues, des émotions qui s'effeuillent.
Elle se love dans les recoins de l'esprit.
Sous le poids des regrets, des rêves permis.

Elle est la compagne des nuits sans lune.
Qui bercent les âmes esseulées et infortunes.
Elle chante des chants funèbres, des mélodies de tristesse.
Dans le silence épais où se perdent les promesses.

Pourtant, au creux de cette obscurité profonde
Brille parfois une lueur, timide mais féconde.
Car elle permet telle une plume égarée
Peut-être le départ d'une nouvelle destinée.

Elle enseigne la patience, la résilience, la force.
Elle sculpte l'âme, la polissant telle une écorce.
Dans son étreinte, se cache la clé.
Pour ouvrir les portes de la sérénité.

Ainsi, même dans les ténèbres de la nuit
Elle peut être le guide, une amie qui luit.
Elle nous rappelle que dans chaque tristesse.
Se tapisse le germe d'une douce promesse.

L'affection

Dans l'aube douce et tendre qui naît
Se tissent les liens, d'un monde parfait.
Les regards se croisent, complices et sincères.
Dans la douce rencontre où tout semble lumière

Les sourires s'échangent, timides et légers.
Dans l'élan de complicité, naissent les premiers secrets.
Les mots se déploient, comme des fleurs au printemps.
Dans cette belle symphonie où se mêlent les chants.

Chaque geste devient un signe, une marque d'affection.
Chaque échange une promesse, une douce révélation.
Les rires éclatent, libres et joyeux.
Dans ce doux moment où règne un air précieux.

Les moments partagés deviennent des trésors.
Chaque instant ensemble, un véritable décor.
Les souvenirs se gravent, telles des étoiles dans le ciel.
Dans cette belle balade naissante, rien n'est artificiel.

Les confidences se confient, dans un élan de confiance.
Les cœurs s'ouvrent, dans cette belle alliance.
C'est le début d'une harmonie, une étreinte fraternelle.
Où se mêlent les émotions, dans une douce ritournelle.

Alors laissons fleurir ces nouvelles fleurs.
Dans ce jardin de complicité, tous en fleurs.
Car rien n'est plus précieux, rien n'est plus pur.
Que les floraisons, dans ce monde si sûr.

Le stress

Il s'invite, tel un vent violent.
Il s'introduit trouble le présent.
Chaque pensée s'embrouille, chaque geste se hâte.
Dans ce tourbillon fou, les émotions se combattent.

Les journées s'étirent, sous une pression constante.
Le cœur bat trop fort, l'âme devient distante.
Les soucis s'amassent, comme des nuages lourds.
Il les alourdit, les transforme en vautours.

Les nuits se font courtes, peuplées de cauchemars.
Le repos s'évapore, l'esprit reste hagard.
Chaque réveil est rude, chaque matin est sombre.
Il laisse son empreinte, une ombre qui encombre.

Les épaules se tendent, le corps se contracte.
La vie devient combat, une lutte sans tact.
Les moindres petits riens prennent une ampleur.
Et il les amplifie, en un océan de peur.

La patience se rompt, la colère se propage.
Les relations se brisent, sous le poids de l'orage.
Les mots se font tranchants, les silences glacés.
Il détruit tout, il laisse les carreaux brisés.

Les plaisirs de la vie, les joies de chaque jour
S'effacent lentement, sous ce ciel lourd.
Le sourire se fait rare, la fatigue omniprésente.
Le stress érode l'âme, d'une manière lente.

Mais face à ce fléau, des solutions existent
Des moments de calme, des pauses qui persistent.
Une respiration un instant de méditation
Peuvent le chasser, nous offrir une évasion.

Revenir à l'essentiel, se reconnecter à soi
Écouter son corps, respecter son émoi.
Car même un refuge peut naître
Et peu à peu, il finit par disparaître

Il trouble l'équilibre dans cette danse incertaine.
S'accorder du temps se libérer des chaînes.
Il n'est qu'un passage, une épreuve à surmonter.
Avec des gestes simples, il peut être dompté.

Ainsi, chaque jour, dans le tumulte des heures
On peut l'apprivoisé retrouver la douceur
Car la paix intérieure, malgrer les vents contraires
Est une quête de chaque instant qui est nécessaire

La morosité

Elle s'installe, comme une ombre pesante.
Elle étouffe le cœur, elle rend l'âme errante.
Sous son voile épais, les jours perdent leur éclat.
Et la joie s'éclipse, laissant place au trépas.

Chaque matin se lève, sous un ciel assombri.
Les couleurs s'éteignent, les rêves sont flétris.
La routine s'impose, tel un lourd carcan.
Et la morosité règne, dans ce quotidien lent.

Les sourires se fanent, les rires s'effacent.
Les conversations deviennent un écho sans grâce.
L'enthousiasme se meurt, l'élan disparaît.
Dans le silence morose, l'esprit s'est égaré.

Les projets se figent, dans une apathie profonde.
Les ambitions s'endorment, les espoirs s'effondrent.
La morosité capture, dans ses griffes de fer,
Chaque étincelle de vie, chaque lumière d'hier.

Les relations se ternissent, sous ce poids constant.
Les liens se distendent, les mots deviennent absents.
L'isolement grandit, tel un mur invisible,
Et la morosité creuse un fossé indicible.

L'âme se replie, dans un cocon grisaille.
Les rêves sont des étoiles en bataille.
L'énergie s'étiole, le corps se fait lourd.
Elle grignote l'espoir d'un nouveau jour.

Même les passions se meurent, dans cet abîme profond.
Les plaisirs autrefois doux deviennent fades et longs.
Les instants de bonheur, précieux et fugaces,
Sont engloutis dans une course de l'espace.

Il suffit d'un sourire, d'un geste, d'un regard.
Pour briser ce cycle, pour éclairer le soir.
La morosité fuit devant la chaleur humaine.
Elle recule, elle tremble, face à la joie sereine.

Ainsi, chaque instant peut redevenir lumière.
Chaque jour renaît, comme un printemps fier.
Car même si elle s'étend comme un voile,
L'âme résiste et brille, telle une étoile.

La satisfaction

Dans le reflet du jour, la paix s'installe en moi.
Satisfaction sereine, douce et pleine de joie.
Elle permet d'accomplir, les chemins parcourus,
Elle a sculpté mon âme, de succès en vertu.

Chaque pas affirmé, chaque choix avisé,
A bâti ma confiance, mes rêves réalisés.
Les doutes dissipés, les peurs effacées,
Laissent place à la fierté, à l'âme apaisée.

Le sourire du matin, l'éclat de l'aube neuve,
Sont des signes éclatants de l'harmonie qui œuvre.
Les luttes d'hier, les batailles gagnées,
Ont forgé mon esprit, l'ont rendu fort et vrai.

Les regards en arrière, sur les routes tracées,
Me rappellent le chemin, les leçons amassées.
Chaque épreuve surmontée, chaque victoire obtenue.
Renforce ma certitude, ma foi reconnue.

Dans le calme du soir, la réflexion m'enlace.
Les prouesses, un doux feu qui embrasse.
Les efforts mérités, le travail accompli.
Sont des trésors intérieurs, des joyaux infinis.

Chaque jour est un pas vers la quête d'excellence,
Un voyage intérieur, une douce résonance.
Elle est cet assouvissement, cet élan vital.
Est la clé du bonheur, le chemin idéal.

Les rêves autrefois flous, aujourd'hui éclaircis.
Se dressent comme des phares, guides de ma vie.
Chaque but atteint, chaque ambition comblée.
Est une pierre précieuse dans mon jardin caché.

Les défis rencontrés, les obstacles franchis.
Ont nourri ma force, ont poli mon esprit.
La satisfaction de soi, fruit d'un labeur constant.
Éclaire mon présent d'un éclat éclatant.

Les regards des autres, les mots de reconnaissance,
Sont des échos lointains de ma propre assurance.
Car au fond de mon être, je sais ce que je vaux.
Cette paix intérieure, ce sentiment de renouveau.

Dans le silence du soir, où les pensées s'envolent,
Je contemple ma vie, et la satisfaction s'étiole.
Elle se transforme en paix, en sérénité douce,
Un état de grâce, où rien ne repousse.
Je marche chaque jour avec une force tranquille,
Porté par cette flamme, cette lueur fragile.
Elle est une étoile dans la nuit,
Guide mes pas, illumine ma vie.

Et dans ce voyage, fait de joie et d'efforts,
Je trouve ma place, sans regret ni remords.
Car chaque instant vécu, chaque souffle inspiré.
Est une victoire en soi, un présent révéré.

Ainsi, je chéris cette paix intérieure.
Satisfaction de soi, trésor du cœur.
Elle m'accompagne, me soutient, m'élève.
Dans ce voyage de vie, dans cette douce trêve.

L'amertume

L'amertume s'installe, comme une pluie d'été.
Elle noircit l'horizon de nos pires pensées.
Un sourire se fane, une joie s'évapore.
Sous son poids, le bonheur se dévore.

Les promesses brisées, les espoirs en cendre.
Laissent un goût amer, difficile à comprendre.
Chaque mot, chaque geste, rappelle la douleur.
Et l'amertume mord au plus profond du cœur.

Les jours défilent, et le passé nous hante.
Les souvenirs amers, dans l'ombre se plantent.
La douceur disparue, la tendresse enfuie.
Ne sont plus que des ombres sans vie.

On cherche en vain la paix.
Mais elle reste, tel un spectre lié.
Elle empoisonne l'âme, éteint toute flamme.
Et laisse dans son sillage la douleur infâme.

Ainsi elle air, fidèle compagne.
Elle voyage et jamais ne se gagne.
On la porte en secret, comme un lourd fardeau.
Elle sculpte nos peines, trace son tableau.

Dans le creux de la nuit, quand le monde repose,
Les pensées s'éveillent, et le cœur se décompose.
Les rêves fracassés, les espoirs déçus,
Reviennent hanter les chagrin vêtus.

Chaque instant, chaque promesse éteinte,
Rends l'avenir plus lourd, des sinistres teintes.
Les regards échangés, les mots jamais dits,
Forment une toile de regrets, de mélancolie.

On avance pourtant, dans ce désert d'ennui.
La portant comme une plaie qui s'ennuie.
Les larmes se tarissent, les cris s'étouffent.
Mais le cœur garde en lui ce poison qui l'étouffe.

Les saisons passent, les années se succèdent.
Mais l'amertume demeure, dans nos veines.
Elle teinte chaque jour, chaque instant de notre vie.
Et nous pousse à chercher une impossible harmonie.

En attendant le jour, on chemine en silence.
Avec cette compagne, dans une étrange danse.
On apprend à vivre, à sourire malgré tout.
À faire de l'amertume un art subtil et doux.

La rancœur

Au creux de mon cœur, elle reste cachée.
Je la garde en secret, à l'ombre, dissimulée.
Elle est mon bouclier, mon armure d'acier.
Contre les coups du sort, contre les mots glacés.

Elle brûle doucement, comme un feu contenu,
Des braises de colère, sous un masque retenu.
Je la nourris chaque jour, de pensées emmurées.
Elle est ma force obscure, mon refuge enchaîné.

Elle murmure à l'oreille, des paroles amères,
Des souvenirs blessants, des douleurs éphémères.
Je la protège, la chérie, comme un trésor noir.
Elle éclaire mes nuits, d'un sinistre espoir.

Mais dans le silence, elle grandit et me lie.
Elle emprisonne mon âme, dans un cercle infini.
Cette pierre précieuse, me consume doucement.
C'est une danse de l'ombre, un éternel tourment.

Ses racines s'étendent, profondes et tenaces.
Elles enserrent mon cœur, dans une étreinte vorace.
Elle colore mes jours, d'une teinte de gris.
Elle se fait ma compagne, dans un monde aigri.

Je l'ai vue naître un jour, d'une trahison banale,
D'un mot de trop dit, d'une promesse fatale.
Depuis elle grandit, dans mon jardin secret,
Arrosée de mes larmes, nourries de mes regrets.

Je l'ai vue dévorer, mes élans de tendresse.
Changer mon amour pur, en froideur, en détresse.
Elle me parle souvent, dans un murmure doux.
Elle dit que sans elle, je ne suis rien du tout.

Alors je la garde, comme un trésor caché.
Elle est mon bien le plus précieux, ma fierté.
Elle me donne la force, de marcher dans le noir,
De tenir tête aux vents, de défier les hasards.

Mais parfois, dans un souffle, une lueur d'espoir,
Me dit de l'abandonner, de quitter ce fardeau noir.
De laisser entrer la lumière, chasser les ombres.
De libérer mon cœur, de ses chaînes sombres.

Mais je résiste encore, à cet appel de paix.
Elle est ma compagne, ma fidèle alliée.
Car cette rancœur, je le sais, fait partie de moi,
Dans cette vie de combat, dans cette guerre de soi.

Je la porte en moi, comme une flamme vive.
Elle est ma force obscure, mon étoile captive.
Et même si elle me ronge, et même si elle blesse.
Elle est la clé secrète, de ma sombre allégresse.

La joie

Elle nous sauve, douce et tendre lumière.
Quand le monde s'assombrit, elle devient prière.
Dans les nuits sans étoiles, elle reste présente,
Une flamme qui éclaire, toujours bienfaisante.

Elle nous sauve des peines, des douleurs, des tourments,
Comme un rayon de soleil, réchauffant doucement.
Elle chasse les ombres, les doutes et les peurs.
Transforme les sanglots en éclats de bonheur.

Elle nous sauve quand l'espoir s'évanouit.
Elle se glisse en secret dans nos cœurs éblouis.
Un sourire, une étreinte, une parole amie,
Sont les signes qu'elle laisse, douce et infinie.

Elle nous trouve souvent quand on s'y attend moins,
Dans les petits riens, les gestes anodins.
Elle nous sauve, elle est notre futur.
Dans la tempête, elle est la trêve et l'augure.

Elle nous porte, nous élève, nous guide,
Au sommet des montagnes, au-delà du vide.
Elle est notre alliée, notre phare, notre muse.
Elle nous sauve chaque jour, douce et confuse.

Quand tout est perdu, elle nous tend la main,
Un souffle de vie, un chemin vers demain.
Elle nous sauve, elle est notre lumière,
Un trésor éternel, notre plus belle prière.

Gaieté

Elle danse dans les rayons du matin,
Éclats de lumière, promesse du destin.
Elle sourit, frivole, aux fleurs du chemin,
Parfum d'allégresse, éclat cristallin.

Elle se cache dans le rire des enfants,
Timbre de cloche, douce et effervescente.
Elle éclate, joyeuse, au cœur des amants,
Mélodie légère, douce et bienveillante.

La gaieté s'épanouit, fugace, dans l'air pur,
Comme une caresse, une brise d'azur.
Elle enchante les cœurs, les rend plus sûrs,
Murmure de bonheur, écho qui rassure.

Elle est la flamme vive au creux de l'hiver,
Un feu de cheminée, éclat de lumière.
Elle réchauffe l'âme, en ce monde éphémère,
C'est un souffle d'espoir, un amour sincère.

C'est l'étoile au firmament,
L'éclat du jour, l'aube seyante.
Elle illumine nos vies, chaque moment,
Symphonie de couleurs, lumière éclatante.

Elle se niche dans les cœurs solitaires,
Comme un rayon de soleil, douce lumière.
Elle sème la joie, douce et familière,
Réchauffant l'esprit, rendant tout clair.

C'est le chant des oiseaux,
Dans les arbres, leur concerto.
Elle danse avec les vagues sur les eaux,
Harmonieux ballet, souffle nouveau.

Elle est la saveur sucrée des fruits d'été,
L'éclat d'un rire, une douce vérité.
Elle s'éveille dans les bras de l'amitié,
Lien indéfectible, douce fierté.

Elle éclate dans le ciel après la pluie,
Arc-en-ciel vibrant, promesse infinie.
Elle traverse le temps,jamais ne fléchit,
Murmure tendre, douce harmonie.

Elle est l'écho des souvenirs,
Souffle du passé, doux plaisir.
Elle se raconte en contes, en désirs,
Histoires partagées, joie à découvrir.

Elle est le vent qui joue dans les champs de blé,
Le murmure des feuilles, l'été enjoué.
Elle colore nos jours de sa clarté.
Peinture vive sur une toile enchantée.

C'est un sourire, un éclat,
Un trésor caché dans chaque pas.
Elle est la lumière dans nos combats,
Un phare brillant dans l'au-delà.

Elle se glisse dans les mots tendres.
Les promesses, les rêves à comprendre.
Elle est la vie, vibrant, à défendre.
La douce lueur que l'on veut reprendre.

Elle est l'essence de l'existence.
Le souffle léger de notre enfance.
Elle nous guide avec bienveillance,
Vers un avenir rempli d'espérance.

Ainsi, elle parvient, douce et sincère.
Illumine notre vie, douce lumière.
Elle est le chant de l'univers tout entier,
Un hymne à la joie, à l'éternité.

La tristesse

On ne peut pas toujours écrire la peine,
L'atténuer en un merveilleux poème.
Elle reste des fois imperceptible,
Voir même incompréhensible.

C'est un flou d'incompréhension,
Prise au piège dans la désillusion.
C'est des vagues mouvementé,
Dans des mouvements envoûtés.

Pourquoi nous les avons perdus ?
Parce qu'on ne sait pas tue.
Et maintenant on est seul,
Face aux pièces du puzzle.

On ne peut pas le reconstruire.
On voudrait se secourir.
Mais comment on peut réparer,
Un cœur qui a été déchiré ?

On ne lui a donné aucune explication.
On ne peut pas demander réparation.
On n'a pas attendu pour nous consulter.
Pas même laisser le temps de s'expliquer.

Laissant le pourquoi dans notre vie.
Et un cœur qui constamment dévie.
Dans une trajectoire inconnue,
Ayant peur d'un avenir méconnu.

C'est pourquoi elle, c'est frayé un chemin.
Vers l'incompréhension d'un cœur incertain.
Pour qu'il puisse être rempli d'un petit rien.
Pour que ce sentiment puisse faire le plein.

Il est là pour nous sauver,
Mais il est peu convoité.
Car c'est un sentiment bien étrange,
Qui prend possession et nous dérange.

Elle nous amène vers d'autres sentiments.
Qui nous amène au-delà de l'anéantissement.
Elle va nous guider vers la mélancolie,
Et parfois même jusqu'au bonheur inouï.

Mépris

Dans l'obscurité glaciale, il est cruel.
Se perdent les âmes dans un océan sans pareil.
Où les regards acérés tranche comme des lames,
Dans ce monde sans pitié où règnent les flammes.

Chaque mot chargé d'une pointe de venin
Il fouette avec vigueur et brûle comme du satin.
Elle tisse sa toile, s'enroule autour des cœurs.
Étreignant de ses serres ceux qui n'ont pas de leurre.

Dans cette danse macabre, les esprits tourmentés,
Cherchent en vain une échappatoire, un chemin dénoué.
Mais il est une prison aux murs infranchissables,
Où l'espoir se perd dans des rêves impalpables.

Les sourires hypocrites, les gestes dédaigneux,
Sont autant de coups portés à ceux qui sont malheureux.
Dans ce monde de faux-semblants, où règne l'illusion,
Le mépris est roi, dictant sa cruelle vision.

Pourtant, dans l'ombre dense, une lueur persiste.
Celle de la résilience, du courage qui résiste.
Car même face à l'adversité la plus féroce,
L'amour peut triompher en force.

Ainsi, dans ce théâtre sombre où se joue celui-ci,
N'oublie jamais qu'il permet de faire le tri.
Dans les gestes de bonté, dans les paroles de soutien,
Se trouve la force de briser les chaînes du dédain.

Surprise

Dans l'immensité du temps et de l'espace,
Un instant se glisse, fugace, plein de grâce.
C'est elle, éclatante et subtile,
Qui éveille la lueur perceptible.

Elle surgit parfois dans un regard complice,
Ou bien dans un sourire, une caresse détentrice.
Elle peut être un cadeau, un doux présent,
Ou bien une nouvelle qui bouleverse l'instant.

Elle nous prend par la main, nous entraîne dans la danse.
Nous faisant oublier nos peines, nos malchances.
Elle est la touche dans notre quotidien,
Le feu d'artifice qui illumine notre chemin.

Elle peut être douce comme une brise légère,
Ou bien puissante comme une vague sur la mer.
Elle nous rappelle que la vie est pleine de stupéfaction,
Qu'il suffit parfois d'un rien pour trouver satisfaction.

Elle nous fait vibrer, nous transporte au-delà.
Nous faisant croire en ce qui ne se voit pas.
Elle est le sel de la vie, l'épice de nos jours.
La magie qui nous étreint, qui nous accourt.

Alors laissons-nous emporter par son élan.
Ouvrons grand nos cœurs à ce qui est surprenant.
Car dans la vie, rien n'est plus beau ni plus doux,
Que l'instant surprenant qui nous rend si fous.

Stupeur

Dans les méandres de l'âme, elle s'insinue.
Tel un sombre spectre, elle se déballe à nue.
Un silence oppressant, un souffle suspendu,
Nous voilà pétrifiés, dans un souffle inconnu.

Sœur cadette de la peur,
Emprunte ses chemins avec rigueur.
Mais là où la peur danse dans l'anticipation,
Sa sœur surgit sans peine, sans invitation.

La peur, tumulte impétueux, emporte tout sur son passage.
Tandis qu'elle, insidieuse, ronge sans tapage.
La peur nous pousse à fuir, à chercher un abri.
Mais là impossible elle nous cloue au lit.

Dans la peur, nous traquons le réconfort, un refuge.
Alors que dans sa sœur, nous sommes figés, cœurs en luge.
Mais en ces tumultueuses émotions, une vérité perdure.
L'incapacité à dompter, cette force qui nous torture.

Que ce soit la peur ou là sa petite sœur qui nous assaille.
Nous sommes les témoins de notre fragilité, sans faille.
Et dans ces instants de vulnérabilité, nous percevons.
La profondeur de notre humanité, que nous observons.

Ainsi, dans l'étreinte de la peur ou de la stupeur,
Nous sommes liés par ce cœur en lueur.
Car au-delà des ténèbres et des tourments,
Brille toujours à la lumière des bons moments.

La honte

Dans notre théâtre, dans ses coulisses,
Elle endosse son rôle d'actrice.
Elle se pare de masques, dissimule son visage.
Et danse avec grâce sur la scène de l'outrage.

Elle s'infiltre dans les recoins les plus secrets,
Chuchotant ce refrain et sème le regret.
Elle teinte les joues d'un rouge brûlant,
Et pèse lourdement sur l'instant.

Elle s'invite dans les regards fuyants, les silences pesants,
Dans les gestes maladroits, les sourires tremblants.
Elle érige des murs entre les âmes, nourrit l'isolement.
Et nous enserre dans ses serres, sans discernement.

Mais telle une ombre fugace dans la nuit,
Peut-être dissipée par l'acceptation qui luit.
Elle perd son pouvoir dans le regard de la compassion,
Et se dissipe dans l'étreinte chaleureuse de la rédemption.

Accepter ses erreurs, se pardonner soi-même,
C'est briser les chaînes de la honte suprême.
Et dans la lumière de la vérité retrouvée,
La honte se dissipe, laissant place à la liberté.

L'envie

Dans l'ombre des désirs, se cache l'envie ardente.
Qui consume les cœurs d'une flamme étincelante.
Elle murmure à l'âme des songes enivrants,
Éveillant les passions, un tourbillon troublant.

Elle danse dans les yeux, étincelles de désir,
S'insinuant furtive, sans jamais se tarir.
Elle susurre à l'oreille des promesses de bonheur,
Attisant la convoitise dans chaque fibre du cœur.

Elle est le doux poison qui s'infiltre en silence,
Semant le trouble, brisant les défenses.
Elle jalonne le chemin de mille tentations,
Dérobant la raison, dans ses jeux de séduction.

Elle pousse à l'action, dans des projets entravés,
À conquérir le monde, à tout oser, à tout braver.
Elle est le moteur des rêves les plus fous,
Éveillant à chercher nos atouts.

Mais gare à celui qui se laisse emporter.
Dans le tourbillon fou de ses désirs enflammés,
Car sous l'éclat trompeur de ses feux éternels,
Se cachent parfois les ombres d'un destin cruel.

L'envie, douce compagne ou perfide déesse,
Guide nos pas sur la route incertaine de la jeunesse.
À chacun de choisir, dans son cœur éclairé,
Si elle est muse inspirante ou démon à terrasser.

Ennuis

Dans l'immensité grise d'un jour sans fin,
L'ennui s'installe, tel un étrange destin.
Les minutes s'étirent, lentes et languissantes,
Dans le silence lourd, où les pentes sont glissantes.

Les horloges s'éternisent, figées dans le temps,
Dans ce vide épais, où l'on erre vainement.
Les pensées s'égarent, dans un désert rétréci.
Cherchant en vain l'éclat d'un nouveau récit.

Les heures s'étirent, monotones et ternes,
Dans cet océan plat, où rien ne gouverne.
Les rêves s'effacent, dans le brouillard de l'ennui,
Étouffant les désirs, dans leur élan enfui.

Les visages se dérobent, dans une foule anonyme.
Chacun est prisonnier, de son propre abîme.
Les regards vides, fixent un horizon flou.
Dans cette solitude, où se perdent les rendez-vous.

Les bruits lointains deviennent écho.
Dans cette monotonie, où l'on sombre à demi-mot.
Les gestes s'alanguissent, dans une danse sans rythme,
Dans cette valse éternelle, où l'on se sent victime.

Pourtant, dans cette torpeur, peut germer dans la clarté,
Une étincelle d'idée, pour égayer la simplicité.
Car de l'ennui naît parfois la créativité,
Dans ce calme plat, peut naître une nouveauté.

Dans la toile grise de l'ennui, se cachent des trésors,
Des chemins inconnus, des portes vers l'essor.
Il suffit parfois d'un regard neuf, d'une pensée audacieuse,
Pour rompre les chaînes, et ouvrir les portes de l'heureuse.

Colère

Dans l'obscurité des cœurs, elle gronde,
Comme un feu impétueux, elle abonde.
Elle consume les pensées, ravage les sens.
Dans sa fureur dévorante, elle danse.

Dans l'éclat des flammes, les fumées s'embrassent.
Brûlant dans l'âme, elle laisse une trace.
Elle gronde en tempête, dans les cieux assombris,
Éveillant des tourments, des cris assourdis.

Elle rugit tel un lion, féroce et indompté,
Déchirant la paix, dans son élan emporté.
Elle fracasse les cœurs, tel un roc sur la mer,
Emportant dans son flot, tout ce qui peut lui plaire.

Mais en son brasier, l'éclaircie peut naître.
Dans l'ombre de la colère, une lueur peut renaître.
Car sous son masque noir, palpite un cœur en peine,
Qui cherche à être entendu, qui désire être sereine.

Alors que la rage gronde et que les mots fusent,
Écoutons la douleur, avant qu'elle ne s'abuse.
Car derrière la colère, souvent, se cache la peur,
Et dans la tendresse, peut naître un doux leurre.

L'empathie

On ne vit qu'à travers,
Les pluies passagères.
Ce regroupement,
Une foule de sentiments.

Mais ce ne sont pas les nôtres.
C'est celle des autres.
On déchiffre tout,
Pour prendre tout.

On observe la gestuelle,
Les sourires partiels.
Les micros expressions,
Pour décrypter les émotions.

Car on veut que tout soit réglo,
Guérir leurs maux.
Notre mission,
Notre raison.

Mais qui sommes-nous ?
Un mélange de tout.
On ne sait plus.
Totalement perdu.

Les siennes,
Les miennes,
Ne font plus qu'un.
Elles se regroupent en un être commun.

Perdant la raison,
Décernant plus nos émotions.
Un peu plus à chaque instant,
Perdant notre espace-temps.

Nous laissant seules,
Avec notre recueil.
Les sourires éblouissants,
Sont perdus parmi les tourments.

Cette capacité,
Ce don donné,
Permet d'aider les âmes égarées,
Tout en nous noyant à chaque aide apportée.

Mais cela permet d'en ressortir plus déterminé.
Nous faisant apprécier chaque bouffée.
Nous en sortons plus forts,
Appréciant chaque confort.

Ayant un regard unique sur le monde,
Nous perdons dans nos songes.
Voyageant dans différents mondes,
Ayant chacune leur ombre.

Sérénité

Il est au sein d'une voiture,
Quand on part à l'aventure.
Au début du printemps,
Ou le calme est présent.

Observant l'horizon défilé,
Ce film nous permet de respirer.
De par la vitesse de ses images,
Appréciant les fragments de paysage.

La nature y est paisible.
Les nervures y sont compréhensibles.
La mélodie est irrésistible.
C'est un paradis accessible.

Plongeant dans l'atmosphère,
Plus rien n'est éphémère.
Tous les sourires y sont inscrits,
Et chaque instant, une rêverie.

Tout éclos sur mon visage,
Comme un bateau à l'amarrage.
Les passagers descendant à l'arrivée,
Ce tournent pour le contempler.

C'est une bulle de réconfort.
La vie est mise sur temps mort.
Nous permettant de tout lâcher,
Pour mieux nous en imprégné.

Ne plus rien contrôler,
Pour le laisser nous guider.
Il permet de se retrouver,
Mais aussi de se ressourcer.

Compassion

Dans le creux des cœurs, elle réside,
Telle une douce mélodie, une onde limpide.
Elle s'infiltre dans les fissures de l'âme,
Comme une douce pluie après les lames.

Elle ne juge point, elle ne fait pas loi.
Elle se déploie en silence, dans la foi.
Elle embrasse les blessures, les chagrins.
Comme un baume apaisant, un doux refrain.

Elle est le regard qui comprend sans mots.
La main tendue dans le tumulte des flots.
Elle est la gentillesse présente dans chaque geste,
Permettant de faire place à l'or et non à la peste.

Dans la noirceur de l'abîme, elle éclaire,
Comme une étoile dans la nuit, légère.
Elle relie les âmes dans une même danse,
Où la douleur s'efface, où l'amour avance.

Elle est le trésor caché de l'humanité,
Une lumière dans l'obscurité, une pureté.
Elle nous rappelle que nous sommes unis,
Dans la joie comme dans la peine, dans l'infini.

Dans ce monde souvent si rude et si froid,
La compassion est une oasis, un émoi.
Elle guide nos pas sur le chemin de la bonté.
Où chaque acte, chaque sourire, est une éternité.

Bonheur

On se demandait ce que c'était.
Que ferait-il si on l'appelait ?
On trouve qu'il est inaccessible.
Ou peut-être qu'il est seulement invisible ?

On attend désespérément, patiemment.
Il a peut-être perdu la notion du temps.
On veut notre part,
Pas qu'il soit en retard.

Car après tout on y a le droit.
Enfin du moins c'est ce qu'on croit.
Mais on s'était toujours trompé.
Il était à notre portée.

C'est un sentiment étonnant.
Avec lui, on est enfant.
On le cherche partout,
Alors qu'il est avec nous.

Le cherchant partout sur terre,
Ou encore sous la mer.
Mais c'est une chose bien plus accessible.
Il suffit qu'on le voit pour qu'il soit possible.

Il est là quand on boit notre café,
Délectant la chaleur de cette traversée.
Il est là quand on sert notre mère.
Quand on prend des vacances à la mer.

Il est sur le frôlement de mes doigts.
Quand je caresse mon chien qui aboie.
C'est le vent se promenant,
C'est ma lecture du moment.

Ce n'est pas une illusion.
Ce sont nos partitions.
De notre chanson,
De notre passion.

Anxiété

Dans l'ombre d'une nuit étoilée,
Danse une émotion, voilée.
Elle chuchote des craintes dans l'âme égarée,
Et serre le cœur, lourd de pensées.

Elle tisse des toiles d'incertitude,
Impossible de prendre de l'altitude.
Nous ébranlant de ses ronces épineuses,
Saignent de ses manigances trompeuses.

Comme un voile insaisissable, elle s'étend,
Se présente comme notre prétendant.
Dans le silence, elle susurre ses tourments.
Faisant vibrer chaque file, chaque sentiment.

Elle teinte les pensées d'une nuance sombre.
Et transforme le quotidien en décombres.
Mais dans cette lutte contre les vents contraires,
Se trouve une force à ne pas laisser taire.

Dans la lumière de la résilience,
Se trouve notre délivrance.
Notre paix intérieure,
L'espoir qui demeure.

Bravons les tempêtes, comme des voyageurs.
Car au-delà des ténèbres, demeure la douceur.
Dans chaque épreuve, une leçon à apprendre.
Et dans chaque nuit, une étoile à attendre.

Amour

Tout vient d'une discussion.
Un fragment de passion.
Perdue dans l'inconnu,
Le temps d'une venue.

Un regard qui s'accroche,
Deux âmes qui se rapprochent.
Ceux, connaissent-ils ?
En-dehors de la ville ?

Un rendez-vous,
Et puis le nous.
Nous étions seuls.
À bord de Hebeul.

Nageons dans l'inconnu.
De l'univers perdu.
Découvrant chaque cieux,
À travers tes yeux.

Pour moi un apprentissage,
Et pour toi une escapade.
Munis de soupir,
Muni de plaisir.

Un chemin découvert,
Dont je suis l'unique propriétaire.
Dont je ne me lasserais,
Probablement jamais.

Car c'est un feu ardent,
Un volcan jaillissant.
Qui fait perdre la raison.
Par son goût trop bon.

Solitude

Un sentiment qui avait logé résidence
Sans me donner son échéance
Habitant désormais dans mon cœur
Il le remplissait d'un vide intérieur

Ou on ce laisser se noyait
Dans une eau troublait
Pensant que c'était un remède
Pour hurler à l'aide

Mais personne ne venait
Tous nous regardait
Nous débattre sans fin
Sans tendre la main

On finit par être sous l'eau
Sans pouvoir rejoindre le haut
Seul, on suffoque
Sans voir la loupiote

Compagnon silencieux
Chef du contentieux
Collant à la peau
Troublant notre repos

Le cauchemar de certains
Le bonheur de l'un
Mais au final
Il nous prend au terminal

La peur

On se cache derrière la façade.
De ce monde impeccable.
Pour dissimuler nos peurs,
On laisse paraître le bonheur.

Mais celle-ci joue avec nous.
C'est le grand méchant loup.
Elle nous suit à la trace,
Pour prendre notre place.

Elle projette ses plus belles images.
De l'actualité des plus néfaste.
Elle prend le rôle de cinéaste.
Dans ce long court-métrage.

Sans nous demander notre avis,
Elle s'y misse dans notre vie.
Elle joue avec notre impartialité,
Qui est déjà tourmenté.

Elle nous empêche de passer le cap.
À l'aide de ses différents obstacles.
Mais si on arrive au bout de celle-ci,
Elle nous montre les joyaux de la vie.

Mais attention, elle peut revenir,
Dans les limbes des souvenirs.

Remerciements :

Ce recueil de poésie est l'aboutissement d'un voyage intime et créatif, et je tiens à exprimer ma profonde gratitude à ceux qui m'ont soutenu tout au long de ce chemin.

À ma famille, qui a toujours cru en moi, même dans les moments où je doutais. Votre amour et votre soutien m'ont donné la force de persévérer et d'explorer les profondeurs de mon être à travers l'écriture.

À ma sœur, qui a été ma première lectrice et critique. Tes encouragements, ta patience et ton regard bienveillant m'ont aidé à affiner mes mots et à exprimer mes émotions avec sincérité.

À ma professeure, dont l'enthousiasme pour la langue et la littérature m'a inspiré à me dépasser. Merci de m'avoir montré que les mots sont plus qu'un moyen de communication, qu'ils sont aussi un art à part entière.

À toi ma correctrice, pour ton œil attentif et ta rigueur. Ton aide précieuse et tes remarques m'ont permis de peaufiner mon travail et de le rendre meilleur.

À ma nourrice, qui m'a poussé au-delà de mes capacités et m'a toujours rappelé que les limites ne sont que des illusions. Tu as été une source inestimable de motivation et de confiance en moi.

Enfin, à mon orthophoniste, qui m'a toujours dit que le français était pour tous. Tes paroles ont résonné en moi, me rappelant que chaque voix mérite d'être entendue et que chaque histoire mérite d'être racontée.

Merci à vous tous pour votre soutien indéfectible. Ce recueil est autant le vôtre que le mien.

Ainsi s'achève ce recueil dédié aux sentiments et aux sensations,
une exploration intime des profondeurs de l'âme humaine.
À travers chaque mot et chaque image, nous avons parcouru les
méandres du cœur, des joies éclatantes aux peurs les plus
sombres, des émotions délicates aux sensations vives. Ce voyage,
à la fois intense et introspectif, nous rappelle la richesse infinie de
l'expérience humaine, où chaque sentiment, même le plus fugace,
laisse une empreinte indélébile. Que ce recueil vous ait touché,
inspiré ou simplement fait réfléchir, il aura atteint son but. Merci
d'en avoir parcouru les vers.

© 2024, Céline Prudhomme
Édition : BoD • Books on Demand GmbH, In
de Tarpen 42, 22848 Norderstedt (Allemagne)

Impression : Libri Plureos GmbH, Friedensallee 273, 22763
Hamburg (Allemagne)

ISBN : 978-2-3225-5518-5
Dépôt légal : septembre 2024

FSC
www.fsc.org
MIXTE
Papier issu
de sources
responsables
Paper from
responsible sources
FSC® C105338